(Je commence à lire)

ISBN 2-203-11018-X

L'ours frileux

auteur : Guy Counhaye
illustrateur : Marie-José Sacré

casterman

Aujourd'hui, Clovis a attrapé
son premier rhume.
C'est la faute d'Auguste, le phoque.
— Vas-y, saute, lui criait-il,
l'eau est délicieuse.

Clovis a plongé et il a coulé
comme une pierre,
paralysé par le froid.

Heureusement, Auguste possède
son brevet de maître nageur ;
il a repêché son ami à temps.
Il l'a ramené chez lui,
enveloppé dans une couverture.

À présent, Clovis est cloué au lit.
Ses éternuements font trembler
la banquise et mettent en fuite
les pingouins du voisinage.
L'eau glacée lui fait désormais horreur.

Il ne veut plus vivre dans sa tanière
pleine de courants d'air.
Dès qu'il est guéri, il se construit
un solide igloo avec une porte
qui ferme bien.

À l'idée de plonger sa patte
dans l'eau pour pêcher du poisson,
il frissonne. Il s'est donc fabriqué
une canne à pêche
et attend patiemment que ça morde.
Mais rester des heures assis
sur la glace ne le réchauffe pas
vraiment !

Aujourd'hui, le ciel est bleu,
le soleil est éblouissant.
Clovis décide de faire une promenade
mais sans trop d'enthousiasme.
Ses pas le mènent à un campement
installé par les hommes.

Il risque un coup d'œil par la fenêtre :
personne. Les explorateurs sont absents.

Alors, curieux, Clovis pousse la porte
et entre. Quel émerveillement !
Tout ce dont il a toujours rêvé est là :
un radiateur à gaz, des couvertures,
un sac de couchage, un bonnet de laine,
une écharpe, des moufles fourrées,
une cafetière, un réchaud,
des boîtes de sardines
et encore bien d'autres trésors.

Il n'a qu'à se servir...
Comble de chance,
il déniche un traîneau
pour transporter son butin.

Désormais, il est équipé
contre le froid. Dans son igloo
bien chauffé, il déguste
de grands bols de bouillon brûlant.

Il a déjà mangé toute sa réserve
de cassoulet et de harengs en boîte.
Mais qu'importe ! Il peut maintenant
pêcher bien au chaud
près de son radiateur.

Tout est parfait. Enfin presque,
car ce soir, en fouillant
dans le bric-à-brac volé aux hommes,
il fait une découverte troublante:
   ...un livre rempli de paysages
surprenants: les gens se baignent
dans une mer chaude,

il y a des palmiers et des oiseaux
de toutes les couleurs.

 À présent, Clovis sait qu'il existe
un bonheur plus grand encore
qu'un igloo chauffé au gaz.
Ça le laisse rêveur et mélancolique.

Une nuit, un formidable craquement
le réveille en sursaut. Il coiffe
son bonnet et passe le museau dehors.
Quel spectacle ! La banquise se fend
de partout. Le coin sur lequel
est construit son igloo part
à la dérive. C'est le dégel.

Pas question de sauter à l'eau
pour regagner le continent.

Quelle situation ! Le voilà livré
aux courants marins, tout seul
sur son iceberg. Pour se soutenir
le moral, il se prépare un bon bouillon
bien chaud. Les jours passent,
Clovis a perdu de vue le rivage
et commence à s'inquiéter.

Ce matin, il pêche assis au bord
de son iceberg. Tout à coup
passe un vol de mouettes.
— Alors, l'Ours, tu navigues
plein sud, où vas-tu comme ça ?
C'est vrai, il fait
de moins en moins froid
et son iceberg commence à fondre.
Il y plante un mât muni
d'une couverture en guise de voile.

— Cet iceberg aura bientôt la taille
d'un glaçon dans un verre de grenadine.
Il faut que je touche terre
au plus vite, conclut le naufragé.
    Un paquebot croise sa route.
Les passagers curieux s'activent :
une photo par-ci, une photo par-là.

Clovis ne se laisse pas distraire.
Il ne quitte plus sa boussole des yeux.
— Plein sud, répète-t-il, toujours
plein sud. Mais écrasé de sommeil,
il finit par s'endormir.

Il s'éveille le lendemain...assis dans l'eau!
Son iceberg et son igloo ont
complètement fondu. Clovis n'en croit pas
ses yeux. Les eaux bleutées d'un lagon
clapotent autour de lui et vont s'étaler
sur une plage de sable blanc.

Il y a aussi des cocotiers, des oiseaux
et un soleil qui chauffe deux fois plus
que son radiateur.

Il a l'impression d'être
dans une photo du livre.
Mais non ! Tout est bien réel.
Toute la journée, Clovis se grise
de soleil. Il redécouvre les joies
de la plongée sous-marine. Partout,
il y a du poisson, un garde-manger
inépuisable à portée de patte ;
quel bonheur ! L'ours décide
de ne plus quitter ce paradis terrestre.
Pourtant, certains soirs, quand la brise
se lève, il met son bonnet et son écharpe.
Un rhume est si vite attrapé !

Imprimé en Belgique par Casterman, S.A., Tournai.
Dépôt légal: octobre 1986; D. 1986/0053/175.
Déposé au Ministère de la Justice, Paris (loi n° 49.956 du 16 juillet 1949
sur les publications destinées à la jeunesse).